DU MÊME AUTEUR

1865-1867. LES TROIS FILLES DE LA BIBLE. 1 beau vol. in-8°.
1867. LES ORIGINES DU SERMON DE LA MONTAGNE. 1 beau vol. in-8°.
1868. LA JUSTICE DE DIEU. 1 beau vol. in-8°.
HISTOIRE DES PREMIERS CHRÉTIENS :
1869. LE ROI DES JUIFS. 1 beau vol. in-8°.
1871. SAINT PIERRE. 1 beau vol. in-8°.
1873-1877. DAVID RIZZIO. Grand opéra, paroles et musique. 1 vol. in-8°.
HISTOIRE DES SECONDS CHRÉTIENS :
1875. SAINT PAUL. 1 beau vol. in-8°.
1879-1883. APOLOGUES DU TALMUD. 1 beau vol. in-8°.
1881. THÉATRE DE CAMPEADOR. 1 beau vol. in-8°.
1885. CONTES PARISIENS ET PHILOSOPHIQUES. 1 beau vol. in-8°.
1885. HISTORIETTES. Paroles et musique. 1 vol. in-8°.
1886. APOLOGUES. Paroles et musique. 1 vol. in-8°.
1887. MARIE TOUCHET, L'INSOMNIE. 1 vol. in-8°.
1889. CHARLES IX. 1 beau vol. in-8°.
1889. ROMANCES SANS PAROLES. Pour piano. 1 vol. in-folio.
1889. THÉATRE IMAGINAIRE. 1 vol. in-8°.
1890. PHILIPPE II. 1 vol. in-8°.
1890. MÉLODIES POUR PIANO. 1 vol. in-folio.
1891. LÉGENDES POUR PIANO. 1 vol. in-folio.
1892. LE MONDE QUI S'AVANCE. 1 vol. in-8°.
1893. SUZON OU LES ÉCOLES DES FEMMES. 1 vol. in-8°.
1893. LE FLIRTAGE. 1 vol. in-8°.
1893. PAPIERS DE FAMILLE. 1 vol. in-8°.

Paris. — Imp. LAROUSSE, 17, rue Montparnasse.

Anarchie,
Indolence & Synarchie

LES LOIS PHYSIOLOGIQUES

D'ORGANISATION SOCIALE ET L'ÉSOTÉRISME

PAR

PAPUS

PRÉSIDENT DU GROUPE INDÉPENDANT D'ÉTUDES ÉSOTÉRIQUES
DIRECTEUR DE *L'Initiateur*

PRIX : UN FRANC

PARIS
CHAMUEL, ÉDITEUR
29 — RUE DE TRÉVISE — 29

1894

ANARCHIE, INDOLENCE ET SYNARCHIE

Anarchie, Indolence & Synarchie

LES LOIS PHYSIOLOGIQUES

D'ORGANISATION SOCIALE ET L'ÉSOTÉRISME

PAR

PAPUS

PRÉSIDENT DU GROUPE INDÉPENDANT D'ÉTUDES ÉSOTÉRIQUES
DIRECTEUR DE *L'Initiation*

PARIS

CHAMUEL, ÉDITEUR

29 — RUE DE TRÉVISE — 29

1894

ANARCHIE, INDOLENCE & SYNARCHIE

La jeunesse contemporaine, élevée d'après les méthodes du positivisme matérialiste, s'est révoltée contre l'étroitesse intellectuelle imposée par ces méthodes et s'est lancée à corps et souvent aussi à tête perdus à la recherche d'un idéal. L'idéal religieux n'existant que pour fort peu de ces jeunes gens en qui on s'est attaché à le détruire, la plus grande partie des chercheurs a voulu poursuivre le culte de l'humanité, étudier ses souffrances et déterminer ses lois d'existence et d'évolution. De là le dégoût de la politique et l'amour des systèmes de réforme sociale de là le succès du socialisme auprès de beaucoup des intellectuels contemporains.

Les générations précédentes, créatrices de nos parlements actuels, avaient porté toutes leurs aspirations vers la politique et ces combinaisons de groupes qui paraissent aux jeunes gens qui pensent, autant de fantasmagories ridicules destinées à retarder le progrès.

Aussi le philosophe, dont la fonction principale consiste à dominer son époque et les faits contemporains, doit-il considérer sans étonnement l'antagonisme intellectuel qui sépare les vieux pères de leurs jeunes enfants ; il s'agit là d'une de ces lois de *l'évolution de l'idée* si bien mise au jour par un philosophe dont nous reparlerons tout à l'heure : F. Ch. Barlet.

Nous n'avons pas l'intention de prendre parti dans ce débat. Nous voudrions simplement appeler l'attention sur certaines recherches poursuivies par un groupe de « jeunes » contemporains et ayant pour but d'étudier les rapports qui peuvent exister entre l'organisme humain et l'organisme social. Les premières conséquences tirées de ce travail tendant à prouver la nécessité d'une synthèse scientifique, morale et religieuse (sans distinction de culte), un des maîtres a choisi pour titre de sa loi d'organisation le mot de *Synarchie* (συναρχη) qui, par son opposition absolue avec le mot *Anarchie*, indique bien le caractère des études poursuivies et leur but.

Nous allons donc passer successivement en revue :

1° L'origine et le sens du mot « synarchie ».

2° La conception des gouvernements actuels par l'auteur de cette synarchie.

3° Les travaux poursuivis actuellement à la suite de ces publications ou se rattachant à ces publications.

4° Les déductions qu'on peut tirer de ces travaux au point de vue de l'avenir de la société humaine en Occident et le rôle des gouvernants de demain comparés aux gouvernants d'aujourd'hui.

Nous pensons qu'à côté des études plus savantes sur le mouvement socialiste, notre résumé fournira à nos lecteurs des renseignements peu connus sur un mouvement encore trop ignoré.

La Synarchie.

Après avoir passé près de vingt années à l'étude approfondie de l'histoire, un chercheur contemporain, le *marquis de Saint-Yves d'Alveydre* établit l'existence d'une loi d'organisation des sociétés telle que les peuples qui avaient mis cette loi en application avaient vu leur gouvernement durer des siècles, tandis qu'au contraire ceux qui avaient perdu la notion de cette loi ne tardaient pas à se troubler plus ou moins profondément. De là le nom de synthèse du gouvernement ou *Synarchie* (συναρχη) donné à cette loi d'organisation sociale.

Avant tout, qu'il nous soit permis de bien différencier les recherches de M. de Saint-Yves d'avec les conceptions plus ou moins utopiques des socialistes contemporains. La Synarchie *a été appliquée* pendant des siècles à l'humanité et fonctionne encore avec peu de modifications en Chine. Ce n'est donc pas un rêve, ni une invention destinée à faire ses preuves ; c'est une réalité dont on peut tenir plus ou moins compte, mais qui n'en existe pas moins.

La Synarchie est la loi de vitalité existant aussi bien dans l'organisme social que dans l'organisme humain et, à la rigueur, tout chercheur peut découvrir cette loi en appliquant à la société les principes de physiologie qui dirigent l'organisme humain, considéré comme le plus évolué des organismes animaux.

Après avoir consacré plusieurs ouvrages à la vérification de cette loi dans l'histoire : *la Mission des Juifs* exposant l'histoire universelle, *la Mission des Souverains*, l'histoire de l'Europe, *la Mission des Français*, l'histoire de France, M. de Saint-Yves a fait tous ses efforts pour montrer comment, par simple décret, on pouvait appliquer cette loi à notre société actuelle. Il y a donc loin de là à la révolution pacifique ou violente prêchée par les socialistes et à la destruction des rouages sociaux prêchée par les anarchistes.

Efforçons-nous donc tout d'abord de résumer de notre mieux cette synarchie.

Ce qui frappe en premier lieu le chercheur dans les ouvrages de notre auteur, c'est la généralité de ces principes qui sont ici appliqués uniquement au social. Nous pouvons affirmer sans crainte d'être contredit que Saint-Yves d'Alveydre a trouvé la physiologie de l'Humanité ; bien plus, qu'il a déterminé la loi de relation des divers groupés de l'humanité entre eux.

Quoi qu'il en soit, c'est l'Analogie, qui a guidé partout les investigations de cet auteur, et pour le prouver nous allons exposer son idée de la Synarchie uniquement par la physiologie humaine. Ayant poussé particulièrement nos recherches vers ce point, il nous sera d'autant plus facile de l'exposer au lecteur.

Tout est analogue dans l'Univers ; la loi qui dirige une cellule de l'homme doit scientifiquement diriger cet homme ; la loi qui dirige un homme doit scientifiquement diriger une collectivité humaine, une nation, une race.

Étudions donc rapidement la constitution physiologique d'un homme. Point n'est besoin pour cela d'entrer dans de grands détails et nos déductions seront d'autant plus vraies qu'elles s'appuieront sur des données plus généralement admises.

L'homme mange, l'homme vit, l'homme pense.

Il mange et se nourrit grâce à son estomac, il vit grâce à son cœur, il pense grâce à son cerveau.

Ses organes digestifs sont chargés de diriger *l'économie* de la machine, de remplacer les pertes par de la nourriture et de mettre en réserve les excédents à l'occasion.

Ses organes circulatoires sont chargés de porter partout la force nécessaire à la marche de la machine, de même que les organes digestifs fournissent la matière. Ce qui a la force, c'est un *pouvoir*, les organes circulatoires exercent donc le pouvoir dans la machine humaine.

Enfin les organes nerveux de l'homme dirigent tout cela. Par l'intermédiaire du grand sympathique inconscient marchent les organes digestifs et circulatoires ; par l'intermédiaire du système nerveux conscient, les organes locomoteurs. Les organes nerveux représentent l'*Autorité*.

Économie, Pouvoir, Autorité : voilà le résumé des trois grandes fonctions renfermées dans l'homme physiologique.

Quelle est la relation de ces trois principes entre eux ?

Tant que le ventre reçoit la nourriture nécessaire, l'économie fonctionne bien. Si le cerveau, de propos délibéré, veut restreindre la nourriture, l'estomac crie : « J'ai faim, ordonne aux membres de me donner la nourriture nécessaire. » Si le cerveau résiste, l'estomac cause la ruine de tout l'organisme et par lui-même celle du cerveau ; l'homme meurt de faim.

Tant que les poumons respirent à l'aise, un sang vivificateur, c'est-à-dire *puissant*, circule dans l'organisme. Si le cerveau refuse de faire marcher les poumons ou les conduit dans un milieu malsain, ceux-ci préviennent le cerveau de leur besoin par l'angoisse qui peut se traduire : Donne-nous de l'air pur, si tu veux que nous fassions marcher la machine. Si le cerveau n'a plus assez d'autorité pour le faire, les jambes ne lui obéissent plus, elles sont trop faibles, tout s'écroule et l'homme meurt d'asphyxie.

Nous pourrions pousser cette étude plus loin, mais nous pensons qu'elle suffit à montrer au lecteur le jeu des trois grandes puissances : Économie, Pouvoir, Autorité, dans l'organisme humain.

Retrouvons maintenant ces grandes divisions dans la société.

Réunissez en un groupe toute la richesse d'un pays avec tous ses moyens d'action, agriculture, commerce, industrie, vous aurez le ventre de ce pays, constituant la source de son ÉCONOMIE.

Réunissez en un groupe toute l'armée, tous les magistrats d'un pays, vous aurez la poitrine de ce pays, constituant la source de son POUVOIR.

Réunissez en un groupe tous les professeurs, tout les savants, tous les membres de tous les cultes, tous les littérateurs d'un pays, vous aurez le cerveau de ce pays, constituant la source de son AUTORITÉ.

Voulez-vous maintenant découvrir le rapport scientifique de ces groupes entre eux, dites :

VENTRE	=	ÉCONOMIE	=	ÉCONOMIQUE
POITRINE	=	POUVOIR	=	JURIDIQUE
TÊTE	=	AUTORITÉ	=	ENSEIGNANT

et établissez les rapports physiologiques.

Qu'arrivera-t-il si, dans un État, l'Autorité refuse de donner satisfaction aux justes réclamations des gouvernés ?

Établissez cela analogiquement, et dites :

Qu'arrivera-t-il si, dans un organisme, le cerveau refuse de donner satisfaction aux justes réclamations de l'estomac ?

La réponse est facile à prévoir. L'estomac fera souffrir le cerveau et finalement l'homme mourra.

Les gouvernés feront souffrir les gouvernants et finalement la nation périra.

La loi est fatale.

Ainsi dans la physiologie de la société comme dans celle de l'homme individuel, il existe un double courant :

1° Courant des gouvernants aux gouvernés, analogue au courant du système nerveux ganglionnaire aux organes viscéraux ;

2° Courant réactionnel des gouvernés aux gouvernants, analogue au courant des fonctions viscérales aux fonctions nerveuses.

Les pouvoirs *Enseignant, Juridique, Economique*, constituent le second courant.

Le premier est formé par les pouvoirs *Législatif, Judiciaire, Exécutif.*

Tels sont les deux pôles, les deux plateaux de la balance synarchique.

Nous avons choisi cette façon d'exposer le système de M. Saint-Yves d'Alveydre afin de mieux faire sentir à tous son caractère dominant : une analogie toujours strictement observée avec les manifestations de la vie dans la nature.

Tel est et sera toujours le cachet d'une création se rattachant au véritable ésotérisme ; tout système social ne suivant pas analogiquement les évolutions naturelles est un rêve et rien de plus.

On voit que, somme toute, la découverte mise à jour dans les *Missions* est celle de la loi des gouvernés *Enseignant, Juridique, Economique* ; car la loi des gouvernants *Législatif, Judiciaire, Exécutif* est connue depuis bien longtemps, transmise par le monde païen.

Déterminer scientifiquement l'existence et la loi de la vie organique d'un peuple ; déterminer de même la vie de relation de peuple à peuple et de race à race : tels sont les problèmes étudiés dans les ouvrages de Saint-Yves d'Alveydre. Partout la vie doit suivre des lois analogues ; aussi, pour ne parler qu'en passant de la vie de relation des peuples européens entre eux, il ne faut pas être grand clerc pour voir son organisation anti-naturelle. Représentez-vous, en effet, des individus agissant entre eux comme le font les grandes puissances ? Combien de temps resteraient-ils sans aller à Mazas ? La loi qui règle aujourd'hui les relations de peuple à peuple c'est celle des brigands, toujours armés, toujours prêts à s'allier pour tomber sur le plus faible et se partager sa fortune. Quel exemple pour les citoyens !

C'est pourquoi le chercheur peut scientifiquement parler à tous les peuples et leur dire :

« Changez vos rois, changez vos gouvernements, vous ne ferez rien qu'aggraver vos maux. Ceux-ci viennent non pas de la forme gouvernementale, mais bien de la Loi qui la constitue. Appliquez la loi de la nature et l'avenir s'ouvrira radieux pour vous et vos enfants ! »

Conception des gouvernements actuels.

La Synarchie, fonctionnant non plus comme un système, mais comme une loi scientifique, permet donc de voir la situation exacte qu'occupent les diverses formes de gouvernement dans la hiérarchie des sciences sociales. Aussi allons-nous laisser la parole à M. de Saint-Yves lui-même, afin de mieux faire connaître ses travaux dans son exposé de la définition des diverses formes de gouvernement. L'extrait suivant est tiré de la *Mission des Souverains*, chapitre Ier.

Dans ces recherches sur l'origine du droit commun et du gouvernement général de l'Europe, nous aurons à prononcer souvent les noms de république, de monarchie, de théocratie.

Il importe de déterminer l'exacte et rigoureuse signification de ces noms, sans procéder par abstraction idéologique, comme on ne l'a que trop fait, depuis Platon jusqu'à Montesquieu, mais par l'observation et par l'expérience traditives, dont l'Histoire est le procès-verbal.

Comme notre but est tout autre que de nous tromper nous-mêmes en sacrifiant à la mysticité politique des autres, nous ne reculerons pas devant la scientifique vérité.

Les formes de gouvernement que nous avons à définir, d'après leurs caractères historiques, sont pures ou mixtes, radicales ou composées, selon que leur titre nominal est, ou n'est pas l'expression de leur principe propre et du moyen par lequel il doit tendre à réaliser sa fin.

République.

Le principe de la République pure est la volonté populaire.

La fin que se propose cette volonté est la liberté illimitée des citoyens.

Le moyen par lequel ce principe tend à réaliser cette fin est l'égalité juridique, sans distinction de plans, sans hiérarchie de fonctions.

La condition radicale, l'organisme typique correspondant à l'emploi de ce moyen, est la nomination directe des magistrats par le peuple assemblé en masse, sans représentants ni délégués, en un mot, sans intermédiaires.

La garantie de cette forme de gouvernement est l'esclavage domestique, l'asservissement civil, agricole ou militaire du plus grand nombre, l'exil ou l'ostracisme politique.

Athènes réalisa ce type réel de la République; mais l'éclat dont elle brilla ne doit pas faire illusion, car il est emprunté à des institutions théocratiques importées en Grèce, de Phénicie et surtout d'Egypte : mystères d'Orphée, rites de Delphes et d'Eleusis, Amphictyons, etc.

La liberté des citoyens avait, dans cette République, l'esclavage pour garantie, et personne n'était à l'abri de cette redoutable et perpétuelle menace.

C'est ainsi que, si Nicétès n'avait pas racheté la liberté de Platon, ce vulgarisateur de Pythagore, malgré sa métaphysique fantaisiste sur la République, aurait dû limiter ses vertus républicaines à la stricte pratique de ses devoirs d'esclave, sous peine du fouet, de la torture et du pal.

Carthage eut également une République pure, avec la Terreur comme ressort, dans la statue de Moloch, et l'esclavage des Numides, comme base et piédestal, comme support et garantie de la liberté.

Fondée par des brigands, ancien bourg de l'Étrurie théocratique, Rome, plus grossière qu'Athènes, plus brutale encore que Carthage, se conforma également à la donnée de la République radicale, quoique avec certains tempéraments, que lui imposèrent les débris de la royauté et de la théocratie, dont elle essaya vainement d'effacer l'influence et le souvenir.

C'est ainsi que le Souverain Pontife romain, avec son collège de douze grands prêtres, était armé d'un pouvoir assez considérable pour suspendre et dissoudre les assemblées populaires, et lorsque l'opinion travaillée par le pyrrhonisme cessa d'accorder à la religion la foi, au Souverain Pontificat le crédit nécessaire à sa fonction, la patrie de Cincinnatus était devenue celle de Sylla, et Jules César allait mettre sur sa tête la tiare et la couronne impériale.

Rome républicaine, pour rester libre, ne se contenta pas de l'esclavage domestique; elle asservit encore l'Europe et une partie de l'Afrique et de l'Asie.

Dans la chrétienté, il n'y a jamais eu de République réelle.

Le gouvernement des villes d'Italie, de Flandre, de Hollande, ne fut républicain que de nom.

En réalité représentatif, le système de ces villes fut municipal ou emporocratique, parfois les deux ensemble, comme sont plus ou moins aujourd'hui l'Angleterre, les États-Unis, la Suisse et comme voudrait être la démocratie bourgeoise de France, sans pouvoir y arriver, pour des causes inutiles à dévoiler ici.

Monarchie.

Quand Montesquieu, après avoir dit que le principe des républiques était la vertu, a prétendu que celui des monarchies était l'honneur, il a pensé soit en courtisan des rois et des peuples, soit comme l'eût fait aujourd'hui M. Prudhomme, mais non pas comme Montesquieu.

Le principe de la Monarchie pure est l'énergie de son fondateur, c'est-à-dire du plus fort et du plus heureux, si l'on entend par ce mot le plus favorisé par le destin.

La fin que se propose la Monarchie pure est l'autocratie.

Le moyen par lequel ce principe tend vers sa fin est la centralisation de tous les pouvoirs dans la personne du monarque.

La condition juridique indispensable à l'emploi de ce moyen, est que la loi émane directement du despote, sans représentants ni délégués royaux, autres que des greffiers, des juges et des exécuteurs.

La garantie de cette forme de gouvernement est le meurtre légal : car dans les conditions d'anarchie publique qui nécessitent et permettent la fondation de la Monarchie pure, pour sauver l'unité de la vie nationale, il faut être maître de la mort.

La Monarchie pure régna chez les Assyriens ; les Cyrus, les Attila, les Gengis-Khan, les Timour en portent le caractère réel.

Dans la chrétienté, il n'y a jamais eu de Monarchie réelle, dans le sens absolue de ce mot.

Dans chaque pays chrétien tendant à l'unité, l'autocratie a bien été le but des dynastes, car sans ce but, ils n'auraient pas eu de mobile d'énergie assez puissant pour créer et conserver l'unité nationale.

Mais, quoique la plupart d'entre eux n'aient pas plus méconnu les garanties du despotisme que leurs prédécesseurs asiatiques, ils n'ont pas pu en user radicalement d'une manière suivie.

Théocratie.

Le principe de la Théocratie pure est la Religion.

La fin qu'elle se propose est la culture universelle des consciences et des intelligences, leur union et leur paix sociale.

Le moyen par lequel ce principe tend vers sa fin est la tolérance de tous les cultes et leur rappel à leur principe commun.

La condition nécessaire à l'emploi de ce moyen est l'assentiment libre des législateurs et des peuples à l'efficacité pratique de la science et de la vertu du sacerdoce et de son fondateur.

La garantie de cette forme de gouvernement est la réalisation incessante de la perfection divine par le développement de la perfectibilité humaine : Éducation, instruction, initiation, sélection des meilleurs.

Avant le schisme d'Irshou, l'Asie, l'Afrique, l'Europe entière furent gouvernées par une Théocratie, dont toutes les religions d'Égypte, de Palestine, de Grèce, d'Etrurie, de Gaule, d'Espagne, de Grande-Bretagne, ne furent que le démembrement et la dissolution.

Cette Théocratie, nettement indiquée dans les annales sacrées des Hindous, des Perses, des Chinois, des Égyptiens, des Hébreux, des Phéniciens, des Étrusques, des Druides et des Bardes celtiques, et jusque dans les chants de l'extrême Scandinavie et de l'Islande, cette Théocratie, dis-je, fut fondée par le conquérant que célèbrent le Ramayan de Walmiki et les Dyonisiaques de Nonus.

C'est grâce à cette unité première dont on retrouve partout des traces positives, et dont les anciens temples conservaient la tradition, que nous voyons encore dans Damis et dans Philostrate, Appollonius de Thyane, contemporain de Jésus-Christ, aller converser successivement dans tous les centres religieux du monde et avec tous les prêtres de tous les cultes, depuis la Gaule, jusqu'au fond des Indes et de l'Éthiopie.

De nos jours, la Franc-Maçonnerie, charpente et squelette d'une Théocratie, est la seule institution qui porte ce caractère d'universalité, et qui, à partir du trente-troisième degré, rappelle un peu, quant aux cadres, l'ancienne alliance intellectuelle et religieuse.

Moïse, initié à la science du sacerdoce d'Égypte où, depuis le schisme d'Irshou, régnait une théocratie mixte, voulu sauver de la dissolution religieuse et intellectuelle quelques livres sacrés renfermant d'une manière extrêmement couverte la science fondamentale de cette ancienne unité.

C'est pourquoi ce grand homme fonda cette théocratie d'Israël dont la chrétienté et l'Islam sont les colonies religieuses.

La chrétienté n'a jamais eu de Théocratie, soit pure, soit mixte, parce que la Religion chrétienne, représentée par des églises rivales, dès le V° siècle, et subordonnée par sa constitution démocratique à une forme politique oscillant entre la République et l'Empire, n'a jamais pu, comme culte, atteindre à l'unité intellectuelle, à l'enseignement scientifique, à l'éducation, à la sélection et à l'initiation qui sont la garantie de la Théocratie.

Les moyens nécessaires de cette forme de gouvernement : *Tolérance de tous les cultes, leur rappel à leur principe commun*, n'ont jamais pu être employés, ni dans les conciles généraux des premiers siècles, ni dans les conciles partiels qui ont suivi la séparation de l'église grecque et de l'église latine, ni par la papauté qui, vu sa situation politique et partive dans la chrétienté, n'a pu, malgré tous ses efforts, faire œuvre que de pouvoir clérical et sectaire, ce qui est tout le contraire de l'autorité théocratique.

Néanmoins, la puissance intellectuelle et morale de Jésus-Christ est tellement grande, tellement théocratique, que même réduite à la purification de l'esprit et de la conscience individuels, sans pouvoir agir religieusement sur les sacerdoces divisés et, par eux, sur les institutions générales de l'Europe, elle a cependant déterminé, dans le monde chrétien, la force universelle d'opinion qui repousse les chaînes du démagogue, les instruments de mort du despote, rend impossible l'établissement, soit de la République absolue, soit de la Monarchie radicale, et paralyse tout gouvernement politique réel.

Honneur et gloire en soient éternellement rendus à Jésus-Christ!

Cependant, hâtons-nous de le dire, ce qui n'est pas possible dans la Chrétienté, l'est partout ailleurs.

Les races de l'Afrique, celles de l'Asie surtout, bien que contenues par l'Islam, tant que les Turcs possèdent Constantinople, sont dans des conditions qui permettent l'établissement de la Monarchie pure.

Et qu'on ne croie pas que les armes matérielles de notre civilisation, que nos systèmes modernes de guerre, nous soient exclusivement acquis : ils se prêtent, au contraire, le mieux du monde, aussi bien au tempérament disciplinaire de ces races qu'aux invasions par masses profondes dont elles sont coutumières, dès qu'un despote assez énergique les rassemble et les soulève.

Ce n'est pas un million, mais vingt millions d'hommes armés et entraînés à l'européenne, que les efforts réunis des peuples d'Afrique et d'Asie, soutenus par l'Islam et l'empire chinois peuvent lancer, à un moment donné, sur l'Europe divisée contre elle-même.

Reprenant sa route habituelle des côtes d'Afrique en Italie et en Espagne, d'Italie et d'Espagne vers le cœur de l'Occident, du Caucase jusqu'à l'Atlantique, ce déluge humain peut de nouveau crouler, balayant tout sur son passage.

Le gouvernement général de l'Europe la prédispose plus que jamais à toutes les conséquences de ce retour de mouvements périodiques qu'il est possible de prévoir à de certains indices soit apparents, soit secrets.

Divisés entre eux, sans liens religieux ni juridiques réels, les États européens seraient, les uns contre les autres, les premiers auxiliaires des envahisseurs.

Le mercantilisme est prêt à fournir les armes, pourvu qu'on les lui paye, et on le fait, et il sait bien faire parvenir à destination canons, fusils, boulets, balles et poudre.

La compétition coloniale, la rivalité des États, la jalousie des peuples chrétiens donneront de plus en plus tous les instructeurs, toutes les instructions militaires nécessaires.

Chaque nation européenne, pourvu que le mal soit éloigné d'elle, ne bougera certainement pas pour en sauvegarder celle pour laquelle il sera immédiat ou prochain ; elle se réjouira, au contraire, dans sa sécurité, sans prévoir sa catastrophe finale, car dans la politique internationale des gouvernements dits chrétiens, tous les sentiments immoraux et, par conséquent, antiintellectuels, sont les seuls autorisés à se produire.

Quant au ressort capable de propulser, des deux autres continents sur le nôtre, cette formidable balistique des déluges humains, il se trouvera, sûrement, comme autrefois, dans l'indomptable énergie d'un Asiatique ou d'un Africain capable d'une monarchie absolue et d'un gigantesque et sombre dessein propre à transporter l'âme fatidique de leurs races.

De tels rois n'hésiteront pas plus que par le passé devant les conséquences de leur principe politique.

La Monarchie simple et ferme se montrera de nouveau en eux, exécutrice radicale des arrêts du destin, fauchant les têtes des familles impériales et royales détrônées, rasant par le feu des pays entiers, égorgeant les grands, forçant les petits à marcher dans ses armées, se gorgeant de nos biens, et pour venger leurs peuples de l'immoralité de l'Europe coloniale, changeant nos métropoles en un monceau lugubre de pierres et d'ornements calcinés, noyant dans le sang nos nations, ou les disperçant aux quatre coins de l'Asie et de l'Afrique.

L'Europe chrétienne n'a plus de force politique à opposer à ces calamités, la République pure et la Monarchie simple y étant également impossibles en raison de l'immoralité nécessaire de leur garanties.

Pour ces motifs, comme beaucoup d'autres, il nous faudra chercher, en dehors de la politique, le lien possible des nations européennes.

Nous devons parler maintenant du tempérament par lequel on essaie, depuis si longtemps, de remplacer en Europe les garanties de la Monarchie et de la République réelles; le lecteur a déjà deviné qu'il s'agit des institutions représentatives.

Institutions représentatives.

On a dit que l'idée des représentants était moderne; c'est une des erreurs de notre temps.

Comme chaque paysan croit son village plus beau que tous les autres, et flatte son orgueil local en attribuant à son clocher une suprématie sur tous les clochers voisins, ainsi ceux mêmes d'entre nous qui prennent sur eux d'enseigner les autres, sont souvent paysans sous ce rapport, et répugnent à sortir par la pensée, de leur temps et de leur milieu, pour observer et juger sainement ce qu'ils condamnent d'avance.

La politique est vieille comme le monde, et partout comme dans tous les temps, ses moyens ont été conformes à ses besoins.

Renouvelées des formes gouvernementales des anciens Celtes autochtones, de la primitive Église, et avant celle du néo-celticisme d'Odin qui détermina le système féodal des Goths, les institutions représentatives semblent s'adapter aussi bien à la République qu'à la Monarchie.

Cependant, elles ne tempèrent ces gouvernements politiques qu'en les paralysant à la fois dans leurs principes, dans leurs moyens et en éloignant sans cesse leurs fins.

En effet, la volonté démagogique ne peut pas être représentée sans être absente des deux pouvoirs législatif et exécutif.

De même, l'énergie du despote ne peut pas se déléguer, sans se reléguer derrière un parlement ou une cour de justice.

Dans le premier cas, il n'y a plus de République pure, puisque l'oligarchie représentative, et non le peuple seul, légifère et gouverne, nomme les magistrats, et limite la liberté de tous et de chacun.

Dans le second cas, il n'y a plus de Monarchie pure, puisque l'oligarchie représentative, et non le monarque seul, légifère, partage le gouvernement, et, soit sous la poussée de sa propre ambition, soit sous celle des factions, peut frapper de la loi et de la mort le roi lui-même, dépouillé de l'usage exclusif du moyen et de la garantie de sa fonction.

Dans les Monarchies bâtardes, ou représentatives, ces deux forces, la volonté du démagogue, l'énergie du monarque, se combattent perpétuellement d'une manière latente ou déclarée.

Dans les Républiques bâtardes, ou constitutionnelles, le duel se passe entre la démagogie et l'oligarchie représentative ; mais le dualisme y est toujours déclaré.

Il faut, de deux choses l'une, que le roi et l'oligarchie représentative, dans la Monarchie constitutionnelle, l'oligarchie et sa tête, si elle en a une, président, stathouder, protecteur, dans la République bâtarde, puissent, si la situation géographique de leur pays s'y prête, lâcher leur démagogie sur des colonies maritimes ou la lancer dans des conquêtes militaires.

Dans le premier cas, la République comme la Monarchie tentent à l'Emporocratie, c'est-à-dire à la prédominance des intérêts économiques considérés comme mobiles de gouvernement.

Dans le second cas, la République comme la Monarchie inclinent vers l'Empire, si la conquête militaire des peuples étrangers dure, et se change, par conséquent en domination politique.

Tyr, Carthage, Venise, Gênes, Milan, Florence, l'Espagne, le Portugal, la Hollande, l'Angleterre furent emporocratiques, quelles que fussent d'ailleurs les bases républicaines ou monarchiques de ces puissances.

Rome, et après elle, la plupart des puissances continentales qui dictèrent dans l'Europe chrétienne les traités généraux, après avoir fondé les unités nationales, tendirent également à l'Empire : l'Angleterre, pendant la guerre de Cent ans ; l'Espagne et la France, pendant la guerre d'Italie ; l'Espagne, la France, l'Autriche, la Suède, pendant la guerre de Trente ans ; la France soi-disant républicaine pendant les guerres de la Révolution.

Dans l'Emporocratie comme dans l'Empire, le problème politique de l'alliance impossible des deux principes de la Monarchie et de la République, ou de l'oligarchie constitutionnelle et de la volonté populaire, est ajourné, mais non résolu, jusqu'au moment où les colonies échappent à l'Emporocratie, les conquêtes à l'Empire, et où le gouvernement est réduit au dualisme de sa vie intérieure, sans pouvoir bénéficier d'une diversion donnant au dehors un libre exercice aux volontés, une satisfaction aux énergies.

Nous avons assez défini, pour le moment, les termes de Théocratie, de Monarchie, de République, ainsi que les institutions représentatives et l'Emporocratie : il ne nous reste plus qu'à définir l'Empire.

Empire.

Son caractère monarchique spécial est de dominer à la fois plusieurs gouvernements, républiques ou royautés, plusieurs peuples et plusieurs races.

C'est ainsi que Walmik, le poète épique indien, nous représente Ram comme se servant de la forme politique impériale, afin de réaliser, par la suite, sa Théocratie.

C'est ainsi, également, qu'Homère, dans une mesure beaucoup plus restreinte, nous représente son Agamemnon comme l'empereur de tous les rois et de tous les peuples de la Grèce.

C'est ainsi, enfin, qu'Alexandre, Jules César, Charlemagne, Charles-Quint et Napoléon Ier régnèrent sur les peuples, sur les races qu'ils conquirent et sur leurs gouvernements qu'ils se soumirent.

C'est ainsi qu'aujourd'hui, le gouvernement emporocratique d'Angleterre règne impérialement sur plusieurs races et sur plusieurs Etats d'Europe, d'Amérique, d'Asie, d'Afrique et d'Océanie.

Comme on le voit par ce qui précède, l'Empire réel se prête, comme l'Emporocratie et les institutions constitutionnelles, à des formes politiques extrêmement variées ; car ayant à régir des dominations et des races multiples, il ne les unit sous son pouvoir qu'à la condition, soit d'en respecter jusqu'à un certain point les institutions propres, soit de déployer une force militaire qui exclut les bénéfices que l'Etat impérial a droit d'attendre de ses colonies.

Dans l'Europe actuelle, les autres gouvernements qui portent le titre d'Empire, le font d'une manière pour ainsi dire honorifique, mais sans caractère impérial réel, à l'exception de la Sublime-Porte et de l'Empire de Russie.

Toutes les formes de gouvernement que nous venons de caractériser se rapportent à l'une des trois grandes divisions de la vie sociale : Religion, Politique, Economie.

A la Religion, se rapporte la Théocratie, à la Politique correspondent la République et la Monarchie pures ou mixtes, à l'Economie répond enfin l'Emporocratie.

Dans les annales du genre humain, c'est la Théocratie pure qui apparaît le plus rarement, parce qu'elle exige de la part de son fondateur, un génie, une sagesse, une science exceptionnels, des circonstances favorables très peu communes et des peuples assez éclairés pour la supporter.

Le longévité des gouvernements théocratiques est extrême.

L'Egypte, les Indes, la Chine de Fo-Hi, Israël même, malgré la lourde charge que lui fit porter à travers les siècles Moïse, en faisant des Hébreux les gardiens des sciences secrètes de l'antique unité, tous ces gouvernements vécurent plusieurs milliers d'années et donnèrent au monde tous les enseignements qui sont aujourd'hui le patrimoine commun de la civilisation.

Quoique ayant dans l'histoire une longévité moins longue, les Royautés et les Empires durent plus longtemps que les Républiques, qui dépassent rarement quelques siècles.

Cette différence dans la durée des Etats tient au plus ou moins de force que renferme leur principe de vie.

La sagesse et la science n'ont véritablement part au gouvernement des sociétés que dans la Théocratie seule.

Dans la Monarchie, l'énergie intellectuelle et morale du fondateur laisse toujours son œuvre livrée à tous les hasards, lorsqu'il n'est plus là pour la diriger : elle est à la merci de la faiblesse et de l'imbécillité des successeurs et, par suite, des factions et de la rentrée en scène du principe républicain.

Dans la République, le principe de vie est plus faible encore, bien que la volonté populaire, si bruyante et si mouvementée, puisse donner l'illusion de la force.

Le caractère de cette volonté est de se diviser incessamment contre elle-même, d'engendrer factions sur factions et de mettre sans cesse l'Etat en péril.

Aussi tout l'art des législateurs d'Athènes, de Rome, de Carthage et de Tyr consista-t-il, pour donner à leur œuvre quelques siècles de vie, à la doter, à l'entourer d'institutions empruntées à d'autres régimes que la République, et dont la grandeur suppléât pour un temps à l'incurable médiocrité politique des masses.

∗

Nos lecteurs peuvent maintenant juger l'importance de l'œuvre poursuivie par M. de Saint-Yves. L'ignorance du gros public et même du public intellectuel touchant les *Missions* et leur auteur, prouve assez la modestie de ce dernier et montre qu'il n'a pas cherché dans la réclame une passagère confirmation de son autorité. C'est donc un devoir de justice que nous pensons remplir en faisant connaître de notre mieux un savant véritable, poursuivant laborieusement ses recherches et qui sera le premier étonné de voir ses travaux analysés et patronnés dans une publication.

On sait maintenant le parti qu'on peut tirer de la synarchie. Nous verrons dans la suite comment les chercheurs contemporains, suivant la voie indiquée par M. de Saint-Yves, ont pu annoncer la réaction démagogique dont les premiers effets se font actuellement sentir sous le nom d'anarchie.

Les continuateurs de la Synarchie.

A la suite des travaux de Saint-Yves sur la Synarchie, un groupe de chercheurs a résolument poursuivi la voie tracée par le maître et, après quatre années d'efforts, les résultats obtenus sont assez importants pour qu'on puisse en livrer les premières conclusions au public.

Rappelons encore une fois qu'il s'agit là de recherches d'un caractère tout scientifique, que le but à atteindre est d'établir d'abord une anatomie sociale positive, de passer de là à la physiologie sociale et d'aborder enfin la psychologie sociale. Ce travail demandait donc tout d'abord une analyse sérieuse des organes de la société; puis une synthèse des fonctions créées par ces organes; enfin la recherche des lois générales présidant à ces fonctions. Tout cela explique le temps nécessaire à une telle étude qui a été poursuivie par MM. F.-Ch. Barlet, Julien Lejay et votre serviteur et qui ne sera terminée que dans quelques années.

Les anciens Egyptiens prétendaient posséder la loi d'organisation et de fonctionnement des sociétés. Ils l'ont prouvé en envoyant leurs initiés, Orphée, Lycurgue, Solon, Pythagore organiser la Grèce ou ses colonies. De même Moïse a tiré d'Egypte l'organisation du peuple juif, organisation telle qu'elle a permis à l'esprit de race de résister à tout à travers les plus épouvantables cataclysmes. Aujourd'hui les assoiffés de réformes sociales réclament presque tous soit une humanité nouvelle pour appliquer leurs projets, soit une destruction totale des rouages sociaux actuellement existants. Ils sont d'accord pour détruire; mais lorsqu'il s'agit d'édifier, on tâtonne, on prononce de grandes phrases creuses. Le problème à résoudre ne consiste pas à tuer le malade pour élever ses enfants d'une façon nouvelle; il consiste à guérir ce malade en respectant ses organes et en rétablissant la santé sociale, là où la putréfaction a déjà commencé ses ravages. Que notre société soit en mauvaise santé, c'est là un fait que la permanence de nos assises législatives suffirait à prouver. Plusieurs chercheurs, M. Quærens (1), entre autres, ont même voulu caractériser le diagnostic à porter. Dans une magistrale étude, Jules Lermina (2) s'est fort bien efforcé de mettre à jour le point de départ de nos malaises actuels. Tous les efforts faits dans cette voie méritent donc d'attirer l'attention du philosophe. Voyons rapidement les grandes lignes des conclusions analytiques auxquelles arrivent les continuateurs de la Synarchie.

Le cadre de cette étude ne nous permet malheureusement que de résumer rapidement la méthode employée sans pouvoir aborder les voies de réalisation immédiate et pratique fournies par cette méthode.

Les constructeurs de systèmes sociaux tirent leurs déductions ou de leur imagination ou des enseignements de l'histoire, souvent même de la simple routine. Les chercheurs dont nous nous occupons en ce moment prétendent n'avoir rien inventé. Ils se sont efforcés de bien étudier les procédés employés par la Nature dans la construction de tout organisme et, considérant la société comme un organisme spécial, d'appliquer les lois de la vie à cet organisme spécial; le premier résultat de leurs efforts a été de constater que tous les systèmes de gouvernement *qui fonctionnent* répondent strictement à un organisme végétal ou animal plus ou moins perfectionné.

(1) *Cachexie stercorale.* (Paris, *l'Initiation*, 1893.)
(2) *Ventre et Cerveau.* (Paris, 1894, Chamuel.)

Encouragés par cette première preuve de la réalité de leurs recherches, ils ont analysé l'organisme humain et se sont efforcés d'appliquer à la société les lois générales en action dans cet organisme humain. Nous ne reviendrons pas sur les trois divisions générales : Ventre social ou Économie politique — Poitrine sociale ou Pouvoir — Tête sociale ou Autorité, qui constituent la base de toutes ces études et que nous allons toujours retrouver.

Voici tout d'abord les grandes divisions établies dans cette étude par F.-Ch. Barlet (1).

« La société est un *être vivant* composé d'être volontaires et responsables.

Elle est sujette aux lois biologiques mais sa volonté est plus maîtresse du fonctionnement physiologique que ne l'est l'être humain ; elle a la faculté de disposer même *des organes* sous sa responsabilité (2).

Son étude est donc celle de toute biologie.

ANATOMIE	PHYSIOLOGIE OU BIONOMIE SUBJECTIVE		BIOLOGIE GÉNÉRALE BIONOMIE OBJECTIVE
Étude des organes d'un groupe social.	Fonctionnement des organes du groupe social.		Fonctionnement de l'humanité sociale.
	CONSIDÉRÉ ISOLÉMENT	CONSIDÉRÉ DANS SON MILIEU	(Histoire et philosophie de l'histoire.)
	Politique intérieure.	Politique extérieure.	

Pour mieux faire comprendre ces divisions, nous allons donner quelques extraits concernant l'anatomie, la physiologie et même la pathologie sociales. Nous indiquons ainsi clairement le caractère de ces études.

Anatomie.

Tout groupe social comprend donc :
1° *Des individus* (ses éléments constituants) : le corps.
2° Une unité qui fait de ces éléments un être : l'*Etat*.
3° Des unités intermédiaires : familles et corporations.
4° Et un lien entre les individus et les unités : le *Gouvernement*, dont la fonction est double.
 A. Satisfaire les individus en tant qu'individus ;
 B. Les plier à l'Etat en tant qu'éléments. Donc réciproquement la fonction des individus est double ;
 A. Satisfaire l'Etat en tant qu'unité ;

---

(1) Pour détails, voir F. Ch. Barlet : *Principes de Sociologie synthétique* ; Paris, Chamuel, 1894.
(2) On sait que, chez l'homme, la marche du système de la vie organique (cœur et circulation; foie et digestion; grand sympathique et innervation) échappent à l'influence de la volonté. P.

B. Le plier aux besoins de l'élément individuel.

C'est le système Gouvernement qui est laissé à la liberté et à la responsabilité humaine (il a cependant des principes fixes qui peuvent et doivent guider).

Il en est ainsi comme dans le corps humain. Les individus sont les cellules. L'état est le corps entier, la santé dépend du Gouvernement que l'âme donne aux individus par l'état, aux cellules par le règlement hygiénique.

La Société, comme tout organisme supérieur, a *Corps*, *Ame* (spirituelle et intellectuelle), *Esprit* et *Volonté* libre pour régler le rapport de vie de ces trois systèmes ou conduite qui, en sociologie, a nom *Gouvernement*.

Son esprit ce sont les principes qui la déterminent (l'*esprit public*, la *conscience publique*, selon l'expression vulgaire).

Son âme spirituelle, c'est l'*Autorité*, la puissance spirituelle.

Son âme intellectuelle, c'est le *Pouvoir*, ou plus nettement le pouvoir temporel (auquel correspondent les constitutions *a priori*).

Son corps, ce sont les groupements sociaux de divers genres (famille, tribu, commune, etc.) qui sont les organes ou les systèmes anatomiques, l'organisme social.

L'esprit et l'âme spirituelle qui appartient au monde abstrait n'ont pas de forme. Au contraire le pouvoir et les groupes sociaux sont essentiellement formels.

Physiologie.

Comment le Gouvernement accomplit-il ses fonctions ?
Comme la volonté.

1° *Il reçoit les impressions* (lesquelles viennent des quatre éléments : individu, famille, corporation ou de lui-même, de sa propre initiative) :

REMONTRANCES; CAHIERS; PÉTITIONS; INITIATIVE.

2° *Il délibère* d'après la conscience (grands hommes), ou l'intelligence ou le sentiment (conquérants), ou la sensation (tyrans) :

D'OÙ LES CONSEILS DIVERS.

3° *Il ordonne :*

LOIS, DÉCRETS, ORDONNANCES, ETC.

4° *Il fait exécuter :*

par exécution   active (RÉALISATION PAR ADMINISTRATION),
—   passive (CONTRAINTE),
—   intermédiaire (MAGISTRATURE),

qui décide s'il y a lieu ou non à exécution.

Il doit donc y avoir :
Faculté de sensibilité et organes correspondants.
— de délibération —
— d'ordonnance (autorité) —
— d'exécuter (pouvoir) —

La physiologie normale, la loi suprême du Gouvernement est :
1° Inspiration de l'autorité par l'esprit.
2° Consécration du pouvoir par l'autorité,
3° Direction du corps par le pouvoir,
de sorte que le corps exprime l'esprit.

Mais cette voie est un idéal vers lequel la Société marche en affectant successivement une importance exagérée à l'un des éléments : c'est ce qui fait l'évolution sociale.

Pathologie.

Le trouble est apporté dans la Société :
1° Par *l'individualité* (la maladie vient de la cellule), individu isolé ou social.
C'est l'anarchie, la conspiration, l'usurpation etc.
MODIFICATION DU POUVOIR.
2° Par le *changement de l'Esprit public* (la maladie vient du moral).
MODIFICATION DE L'AUTORITÉ.
C'est la Révolution.
3° Par une *attaque de l'extérieur* (la maladie vient du milieu ambiant).
C'est la *guerre internationale* qui sera, selon le groupe, entre familles, tribus, nations, peuples ou races).

Il est bien entendu que ces notes n'ont pour but que d'indiquer à l'esprit du lecteur la méthode employée sans rien préjuger des résultats acquis. — Mais cette méthode avait permis, à l'auteur dont nous nous occupons, M. F.-Ch. Barlet, de donner, il y a deux ans déjà, dans une étude sur *l'Évolution de l'Idée* (1 vol.-in-18) des indications bien curieuses sur la période démagogique et de manifestation anarchique dans laquelle nous entrons. Voici un extrait de cet ouvrage.

« Telle est la vie totale, telle aussi la vie de détail, au Sanctuaire, à l'École ou dans le Peuple, à travers les siècles comme dans les petites périodes qui voient vivre et mourir un système économique, philosophique ou religieux. Partout vous verrez au début un homme ou un groupe d'hommes inspirateur ; avec lui se forme la période d'enfance, de foi, à laquelle succéderont celle d'analyse et celle de synthèse finale, sauf les accidents morbides ou mortels (1).

---
(1) Le philosophe V. Cousin n'a pas manqué de signaler ces phénomènes : « Partout, dit-il, où règne une grande religion, la base d'une philosophie est posée... ne nous lassons point de le répéter, la religion est le fond de toute civilisation ; c'est la religion qui fait les croyances générales... elle contient aussi la philosophie... la religion paraît seule d'abord ; puis de la religion sort la théologie, et de la théologie sort enfin la philosophie, etc... » (*Histoire générale de la philosophie*, p. 35 et 43.)

Nous n'avons donc pas à nous préoccuper des fluctuations, des agitations, même les plus terribles, de l'École ou de la Société, non plus que du sacrifice de vies individuelles demandé par la vie universelle ; ce n'est là que l'œuvre du Destin, une seule pensée mérite nos soins : la réalisation de l'Idéal dont l'Involution a produit le mouvement auquel nous sommes libres d'assentir ou non par l'effort de nos volontés et de l'intelligence.

Mais comment pouvons-nous réaliser l'Idéal ; que pouvons-nous particulièrement à notre époque pour et par l'évolution de l'Idée ?

Pour le comprendre, il suffit de considérer quel moment de l'évolution notre siècle représente. C'est le temps que nous avons vu particulièrement critique, de l'analyse extrême, de l'extrême division, mitigée par une tendance à la fédération. Pour la société, c'est l'enfance de la démocratie, menacée de la maladie démagogique. Pour la pensée publique, c'est le positivisme matérialiste qui menace de la dissolution par l'épicurisme ou le scepticisme.

Cependant, nous semblons avoir franchi déjà le point dangereux de ce cap, car, à l'École comme dans le public, nous tendons en toutes choses vers la synthèse, et c'est en elle qu'est notre salut, avec le but du mouvement que nous traversons.

Nous n'avons donc à nous effrayer ni des menaces d'anarchie sociale ni des sombres désespérances du nihilisme ; ce sont les produits nécessaires de l'obscurité que le destin nous condamne à traverser, souterrains qui nous conduisent, si nous savons les parcourir, aux splendeurs d'une science et d'une organisation sociale inconnues depuis de longs siècles.

Tous nos efforts doivent être portés sur la concentration de nos forces de tous genres ; hors de l'École par l'altruisme ou fraternité, qui consiste pour chacun dans l'oubli de son individualité au profit de l'Universalité ; à l'École, par la synthèse de toutes nos connaissances, l'achèvement dans la région des Principes de l'édifice que nous avons commencé d'asseoir sur la base du positivisme, et pour lequel nous avons amassé un trésor inappréciable de matériaux.

Et comme, selon la belle expression de Charlemagne, « s'il est *mieux de bien faire que de savoir, il faut cependant savoir avant que de faire* » ; comme, en dernière analyse, c'est l'Idée qui mène le monde, il n'est rien qui demande plus d'attention, plus d'efforts de notre part que l'organe social de l'Idée, l'École. Là nous avons à reconstruire, à ressusciter par nos efforts, à ramener vers son foyer d'origine l'unité occultée maintenant, descendue, disséminée dans les ombres du monde sensible.

Là, comme dans le monde, la première condition de ce mouvement laborieux et grandiose, c'est l'oubli de l'individualité pour l'Unité ; par lui seul peuvent se réaliser les deux conditions premières de la science synthétique : l'Union des trois Principes dans la pensée, afin d'éviter l'écueil mortel de la spécialisation, et l'organisation hiérarchique de toutes les forces de l'École, afin que la division du travail seconde la synthèse par la concentration harmonieuse des volontés (1). »

(1) F.-Ch. Barlet : *L'Évolution de l'Idée*, p. 160-161-162.

C'est à cause de cette division à l'extrême, de cette période d'anarchie morale autant que physique que nous avons à traverser que les chercheurs qui se sont occupés de sociologie n'ont voulu aborder que l'économie politique, c'est-à-dire l'étude du ventre, de la partie la plus matérielle de la société. M. *Julien Lejay* a fort bien mis au jour ces tendances dans quelques articles remarquables dont nous donnons ici un extrait Le lecteur y trouvera indiquées les lois réelles qui conduisent à leur insu la plupart des grands « réformateurs » contemporains.

L'économie politique et la méthode synthétique.

« Le caractère dominant de tous les penseurs qui s'occupent soit d'économie politique, soit de sociologie, c'est de vouloir se rattacher exclusivement à un principe d'action en niant *à priori* toute valeur aux recherches de ceux qui se placent à un autre point de vue qu'eux-mêmes.

Or le maniement de l'analogie permet de considérer synthétiquement les efforts de tous ceux qui ont abordé la question et, par suite, de découvrir l'état exact d'évolution des esprits, état tel que chacun de ces réformateurs exclusivistes, croyant transformer son époque, ne fait en somme que traduire passivement les aspirations actuelles de cette époque.

Le premier devoir du synthétiste est donc de rechercher la *loi générale* qui a guidé et qui guide encore dans leurs recherches et dans leurs conclusions les économistes et les écrivains socialistes de toute époque et de partir de cette *loi générale* pour traiter largement la question.

L'homme individuel est incité par trois sortes d'aspirations : les aspirations sensuelles, les aspirations passionnelles et les aspirations intellectuelles. C'est en partageant équitablement ses forces entre ces trois incitations qu'il réalise la santé physique et morale.

L'homme qui s'abandonne tout entier aux plaisirs sensuels ne tarde pas à voir diminuer ses facultés intellectuelles, puis à tomber malade s'il continue. L'excès contraire, le travail excessif et exclusif des facultés intellectuelles produit des résultats analogues. C'est dans l'équilibre que se trouve la véritable solution du problème.

Or l'homme collectif, la société, ont les mêmes lois de santé et de maladie que l'homme individuel, analogiquement parlant, et il est curieux de constater que tous les systèmes de réforme sociale proposés sont exclusifs, et tendent à subordonner tout à la satisfaction d'une seule des aspirations de la société.

Je pourrais vous montrer comment il existe une sociologie spiritualiste où tout est subordonné au bonheur de l'aristocratie, une sociologie rationaliste où tout est, au contraire, subordonné au bonheur de la bourgeoisie, enfin une sociologie sensualiste, où le peuple doit écraser toutes les autres classes et être satisfait à leurs dépens. Et chaque système prétend s'imposer seul, oubliant qu'il n'existe pas d'homme composé seulement d'une tête, seulement d'un thorax, et seulement d'un ventre, et que c'est au contraire, par un échange équilibré entre les fonctions du Cerveau, du Cœur et de l'Estomac que l'être humain subsiste.

Mais, bien mieux, dans chacun de ces systèmes sociologiques exclusifs, des subdivisions existent qui donnent naissance à des écoles diverses suivant que la morale, la politique ou l'économie sont considérées comme plus importantes à pratiquer, toujours exclusivement.

Ainsi, à l'heure actuelle, on en est à l'économie après avoir passé par les autres phases, et l'économie politique est considérée comme seule digne d'intérêt. Laissez-moi donc insister un peu sur ce point et considérons ensemble les conclusions que chaque sectarisme pose suivant la façon dont il considère l'économie politique, abdomen de la société.

Ce n'était pas assez de vouloir inventer les êtres humains composés uniquement d'un ventre en subordonnant tout à l'économie, on a été plus loin et l'on a voulu subordonner tous les organes à l'un d'eux, de telle sorte que chaque école d'économistes prétend qu'un seul organe doit tout faire et que les autres ne servent à rien en supposant même qu'ils existent.

Nous trouvons, en effet, une économie politique spiritualiste, une autre rationaliste, une autre sensualiste, et chacune prétend posséder exclusivement la Vérité. — Naturellement. — Voyons un peu les détails.

La Richesse émane de l'État, l'État est le créateur de la Richesse, la valeur réside dans l'abstraction, c'est-à-dire dans la Monnaie. Toutes les fonctions économiques doivent donc être subordonnées à l'État, créateur de la monnaie.

Voilà ce que disaient les partisans de l'économie politique spiritualiste dont Law a été un des plus fameux représentants.

Vous vous trompez: *la Richesse émane du Travail*, l'homme est le créateur de la Richesse, la valeur réside dans le Travail, c'est-à-dire dans l'homme, disent les économistes rationalistes dont Adam Smith, Say, Simon ont été et sont les brillants représentants.

Quelle erreur est la vôtre, clament à leur tour les économistes sensualistes, *la Richesse émane de la Nature*, la valeur réside dans les produits de la Nature et non autre part. De là l'idée de l'impôt unique sur la propriété foncière, de là toutes les théories des Agrariens et le succès colossal d'Henry Georges qui a formulé merveilleusement leurs aspirations.

Et, ce qu'il y a de remarquable, c'est qu'à l'avènement de chaque école d'économistes au pouvoir, les écoles futures se manifestaient déjà, mais sous forme de protestations: C'est ainsi que Turgot et les *physiocrates* soutenaient il y a longtemps que la Richesse émane de la Nature à l'époque des économistes spiritualistes, tandis que les communistes de 1848, Babeuf, Fourier, Cabet, etc., soutenaient une thèse analogue en opposition des économistes rationalistes.

Vous me demanderez que fait le synthétiste, l'occultiste d'action, en présence de cette multitude de systèmes certains? Il cherche à grouper ces divers principes pour en constituer un organisme social composé d'une tête, d'un thorax et d'un abdomen comme l'homme lui-même. Et, dans le cas actuel puisqu'il s'agit d'économie politique, le synthétiste s'efforce de préciser le rôle de chacun des organes abdominaux de la société, représentés chacun par une école spéciale.

Synthétiquement donc tout est vrai ; il suffit d'approfondir la question et, surtout, d'éviter l'éclectisme, la plus grande des erreurs possibles.

Dans l'abdomen de l'homme il y a quelque chose *qui supporte* tout ce que le ventre renferme, c'est la matière organique constituant toutes les cellules. Mais ces cellules cesseraient vite leur fonction et mourraient si une autre chose, le sang, et surtout l'oxygène qu'il apporte ne venait pas les *animer*. Enfin ces cellules auraient beau vivre que rien ne se produirait si une autre chose encore, l'incitation nerveuse, ne venait mettre tout cela *en mouvement*.

Et ces trois principes d'action, la matière première, la force animatrice et la force motrice, sont tellement liés et tellement nécessaires l'un à l'autre qu'on ne peut les concevoir agissant séparément.

Dans l'abdomen social (économie politique) la *matière première* produite par la Nature supporte tout et forme la base sur laquelle s'appuient les autres actions ; mais le *Travail* produit par l'homme vient donner la valeur à cette matière première et enfin la *Spéculation* dont est l'objet cette valeur vient donner la plus-value et le mouvement aux autres principes.

C'est de la réaction *harmonique* de ces trois principes : Spéculation, Travail et Réalisation physique que résulte la santé de l'abdomen social.

C'est à l'étude de ces lois et de leurs analogues dans la politique et dans la morale (thorax et tête de la Société) que je travaille depuis déjà plusieurs années.

Je me suis efforcé de vous faire comprendre ma méthode, ainsi que quelques-unes des conclusions déjà obtenues.

Peut-être trouvera-t-on après tout que ces idées sont trop simples pour être vraies, peut-être me considérera-t-on comme un bon rêveur pas méchant : que m'importe. L'étude de la Science occulte m'a conduit à chercher en tout le point de vue synthétique : j'ai voulu appliquer ce principe à l'étude de la Sociologie. Quand je me sentirai prêt, je publierai un ouvrage résumant mes travaux et exposant ces idées avec tous les détails nécessaires.

— Et après ?

Après je serai sans doute aussi heureux que l'abeille qui vient déposer dans la ruche le produit de sa longue visite aux fleurs de la prairie : j'aurai fait ce que je considère comme mon devoir et n'est-ce pas là une grande satisfaction, et ce sentiment du devoir accompli ne constitue-t-il pas seul une suffisante récompense (1) ? »

Ainsi voilà le bilan des efforts tentés par un groupe de chercheurs qui n'ont pas désespéré de l'avenir et qui, dédaignant les satisfactions trompeuses de la politique, se sont adressés à la Science pour rechercher les causes de la maladie sociale qui exerce actuellement ses ravages dans la plupart des nations d'Europe. Quelle est, par contre, la conduite des gouvernants au pouvoir dans ces nations ? C'est ce qu'il nous faut maintenant examiner de notre mieux.

(1) J. LEJAY : *L'Économie politique et la méthode synthétique.*

Indolence et anarchie.

Les anciens demandaient à leurs gouvernants de sérieuses garanties intellectuelles et surtout morales. De plus, les méthodes appliquées à la direction des sociétés partaient de ce principe que les principes étaient tout et que les individus n'étaient rien. Que dirait-on en effet des voyageurs qui, au moment de se mettre en route, procéderaient par élection au choix du mécanicien chargé de conduire la locomotive et choisiraient à cet effet le plus brillant parleur? On nous accusera de forcer notre comparaison, mais n'est-ce pas un peu ce qui se passe dans la vie publique de la plupart de nos sociétés?

L'analyse à l'excès et l'individualisme triomphent partout; les intérêts personnels priment tout et notre société marche positivement la tête en bas et le ventre en l'air. La faute n'en est aucunement à ses gouvernants remplis évidemment d'excellentes intentions, dont le patriotisme est au-dessus de tout soupçon, mais qui sont les prisonniers d'un état de malaises politiques dont ils sont eux-mêmes les premières victimes.

L'instruction analytique qui leur a été donnée, l'admiration qu'on leur a inculquée pour la Révolution, l'habitude de manier les électeurs avec de belles paroles et les députés avec de grandes promesses, tout cela détermine chez les hommes de gouvernement, un état d'esprit caractérisé par la prédominance de l'immédiat sur le futur, des petites compromissions pour éviter les grandes audaces et enfin de l'indolence pour tout ce qui est général et synthétique par amour pour tout ce qui est particulier et analytique.

De plus, l'instabilité ministérielle et le peu d'*autorité* des ministres sur les bureaux tendent à détruire, surtout en France, cette unité de politique extérieure, cette conception large de l'avenir bravant au besoin l'impopularité pour le présent qui, seules, constituent les nations véritablement fortes.

C'est là la grande force de l'Angleterre pour les gouvernants de qui la politique extérieure n'implique aucune divergence de vues, quel que soit le parti au pouvoir. C'est là aussi la force principale de la Russie, dont le légendaire testament de Pierre le Grand fixe l'avenir et le but à atteindre.

Seuls, les pays où l'unité de gouvernement dure encore par l'existence simultanée du pouvoir et de l'autorité entre les mains d'un seul peuvent se préserver des poussées démagogiques. Telle est la Russie, tel est un peuple auquel on ne prête pas une assez grande attention, qu'on connaît très mal et qu'on juge faussement: la Turquie.

On n'a pas suivi d'assez près les efforts prodigieux tentés et menés à bien en quelques années par un souverain opiniâtre et travailleur et qui a fort bien senti l'avenir possible réservé à un peuple que tout le monde croit moribond.

Délaissant le culte exclusif de la force, sur lequel s'étaient concentrés les efforts de tous ses prédécesseurs, Abdul Hamid II a résolu de développer, au maximum, toutes les sources d'intellectualité latentes dans les nouvelles générations. Il a fondé, à cet effet, plus de dix-neuf facultés et écoles supérieures à Constantinople en quelques années, et toutes pourvues de professeurs éminents et d'élèves et, alors que les autres gouvernements se laissent entraîner par le culte de la Matière, la Turquie attend son avenir seulement du triomphe de l'Idée.

L'indolence et l'étroitesse de vue sont, en effet, les caractères de nos éphémères gouvernements.

On évite, de parti pris, l'étude approfondie de l'organisme social, on s'en tient à l'extérieur, aux habits, et on laisse la vermine envahir le corps, caché sous le velours et la soie. Quand les parasites apparaissent à l'extérieur, on les tue un à un, mais sans remonter à la cause du mal.

Gouverner, c'est prévoir, c'est-à-dire c'est faire de l'hygiène sociale. L'indolence engendre la saleté, la saleté permet le développement des parasites à l'extérieur et des microbes à l'intérieur. L'anarchiste est le microbe de la société, c'est la cellule qui ne reçoit plus l'influx vital nécessaire des centres, et qui, se faisant centre à son tour, détruit pour le plaisir de détruire et parce que la destruction est sa seule raison d'être. Ptomaïnes et dynamite sont analogues.

Or, ainsi que l'a si bien déterminé F.-Ch. Barlet, nous sommes arrivés au point ultime de l'involution de l'idée, du culte de la matière, l'or-dieu, le matérialisme, le sensualisme, le culte du souteneur au café-concert et du chantage dans une certaine presse, tout cela est connexe et conduit fatalement au même résultat : la décomposition putride dans un individu ou l'anarchie dans une société. La rigueur et les lois d'exception ne sont que de passagers palliatifs ; la foi dans le travail et dans la science sont les seuls véritables remèdes. Il faut résolument revenir à l'étude de l'idée si l'on veut détruire la cause de tout le malaise matériel, et il faut commencer les réformes par le ventre, par l'économie sociale ; mais en respectant les rouages existants et non pas en voulant les détruire par la masse ignorante comme beaucoup de socialistes ou par la dynamite comme les anarchistes.

L'électorat groupé sur les intérêts corporatifs et non plus sur la politique, l'autonomie de la Magistrature et de l'Université, l'héritage des outils et des usines par les syndicats ouvriers sous certaines garanties, l'impôt unique sur les héritages en ligne collatérale, le service de chaque citoyen pendant un certain nombre d'années et dans sa profession pour l'État en échange de la garantie du vivre, du logement et de l'habillement de l'individu de la part de l'État, tout cela sont des moyens de transition que nous croyons pratiques et qui méritent une attention sérieuse de la part de ceux qui préfèrent l'immédiat à l'universel.

Le philosophe curieux de constater la vitalité réelle de l'organisation synarchique et de ses dérivés, pourra également étudier la constitution et le fonctionnement de l'Empire chinois qui conserve ses gouvernements pendant plusieurs centaines d'années, qui a une armée de 300,000 hommes à peine pour en garder 400 millions et qui nous traite « de sauvages et de barbares ».

Un haut fonctionnaire chinois envoyé en Europe pour étudier notre organisation sociale disait : « Eh quoi, vous n'avez donc pas encore de véritables lois puisque vous êtes toujours occupés à en faire de nouvelles. En Chine voilà plusieurs centaines d'années que nous n'avons pas eu à nous intéresser à de pareilles futilités (1). »

Que le lecteur nous pardonne la longueur de ces digressions, nous croyons faire œuvre utile en appelant l'attention de tous sur une question capitale entre toutes et nous avons la certitude que l'avenir viendra prouver que nos efforts, aussi humbles soient-ils, n'ont pas été entièrement vains.

---

(1) Voyez, à ce propos, les remarquables travaux de Eug. Simon : *La Cité chinoise; la Cité française*.

www.ingramcontent.com/pod-product-compliance
Lightning Source LLC
Chambersburg PA
CBHW060610050426
42451CB00011B/2172